C000242135

Erik Satie
1866–1925

Klavierwerke
Piano Works · Oeuvres pour Piano

Band 3 / Volume 3
Pièces froides · Descriptions automatiques
Embryons desséchés · Avant-dernières pensées

Herausgegeben von
Edited by / Edité par
Wilhelm Ohmen

ED 9028
ISMN M-001-12536-9

SCHOTT

Mainz · London · Madrid · New York · Paris · Tokyo · Toronto

Inhalt · Contents · Contenu

Pièces froides

Descriptions automatiques

Sur un Vaisseau

Sur une Lanterne

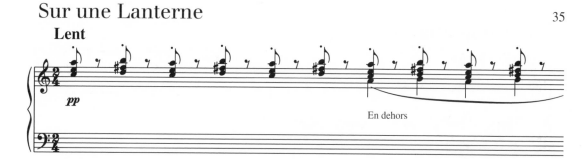

Sur un Casque

Embryons Desséchés

d'Holothurie

Allez un peu

d'Edriophthalma

Sombre

de Podophthalma

Un peu vif

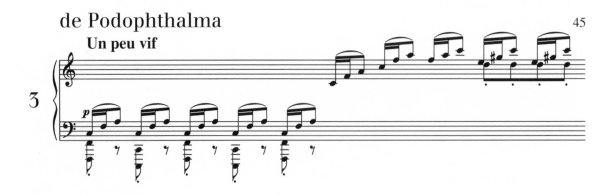

Avant-dernières pensées

Idylle

Modéré, je vous prie

Aubade

Pas vite

Méditation

Un peu vif

Vorwort

Die Stücke des hier vorliegenden Bandes entstanden in den Jahren 1897 *(Pièces froides)* und 1913 bis 1915. Nach dem zögerlichen Erfolg seiner frühen Werke sucht Satie in seiner mittleren Schaffensperiode nach neuen Wegen. Er verließ die kompositorische Strenge der mystischen und meditativen Stücke. Charakteristisch für die neuen Werke sind einerseits die deutliche Verdichtung der Schreibweise zusammen mit der Beschleunigung des Tempos, andererseits die Verbindung der Musik mit Texten. Satie vermeidet noch konsequenter romantische und impressionistische Klänge.

Die *Pièces froides* bestehen aus zwei Folgen von je drei Stücken. Wie schon in einigen Werken der mystischen Epoche verzichtet Satie auf Taktvorgaben und Taktstriche. Die Harmonik der ersten Gruppe *(Airs à faire fuir)* erinnert an die *Gnossiennes*. Noch ist die Baukastenmethode der frühen Epoche erkennbar, aber die sich wiederholenden Phrasenteile sind kürzer, bruchstückhafter und werden oft transponiert. Die Aufeinanderfolge erscheint dadurch aber insgesamt logischer. Die Stücke der zweiten Gruppe *(Danses de travers)* bestehen durchweg aus Dreiklang-Arpeggien, die perpetummobile-ähnlich eine scheinbar endlos sich wiegende Melodie begleiten. Die drei Stücke sind in ihrer strukturellen Ähnlichkeit kaum voneinander zu unterscheiden. Neben den ironisch gemeinten Titeln erscheinen die Spielanweisungen – besser müßte man von Kommentaren oder Anmerkungen sprechen – seltsam: Die meisten Titel haben keinen Bezug zur Musik und können spieltechnisch oder interpretatorisch schwerlich umgesetzt werden (z. B. „blanc" oder „ne pas trop manger").

Die Spielanweisungen der folgenden in diesem Band veröffentlichten Zyklen beziehen sich wieder mehr auf Tempo, Dynamik und Charakter. Diesen Zyklen sind merkwürdige und rätselhafte Geschichten gemeinsam, die Satie zwischen die Notenzeilen schreibt. Die *Descriptions automatiques* sind pianistisch sehr reizvoll, abwechslungsreich und technisch anspruchsvoll. In Analogie zum automatischen Schreiben (écriture automatique, André Breton) der Surrealisten evoziert Satie die Begegnung von einem Schiff, einer Laterne und einem Helm. Sanft und zärtlich ist der Charakter des ersten Stückes. Ein wiegender Rhythmus stellt das Meer dar, ein kurzes Motiv (in hoher Lage) die Gischt, das Zitat eines französischen Chansons „Mama, die Schiffchen" („Maman, les petits bateaux") läßt an Schiffe denken. Im nächtlich-romantisch getönten zweiten Stück sollen Stakkato-Akkorde den Eindruck eines Stromausfalls (Dunkelheit) vermitteln. Der Übergang zum Legato symbolisiert die Wiederkehr des Lichts. Im akzentuiert rhythmisch angelegten dritten Stück wird die gestörte Motorik einer Militärparade durch Polytonalität im Charakter einer Zirkusmusik dargestellt. Realistische tonmalerische Beschreibungen stehen in diesen Stücken einer surrealistischen Scheinwelt gegenüber.

Noch deutlicher wird diese Polarität in den Stücken *Embryons desséchés*. Die Musik ist zum großen Teil aus humoristischen und surrealistischen Collagen zusammengesetzt. Dies wird durch die Texte zusätzlich verdeutlicht. Bei den Titeln der Stücke handelt es sich um erfundene, imaginäre Tiernamen. In parodistischen Zitaten mokiert sich Satie über die Musik des 19. Jahrhunderts. Das erste Stück erscheint im Stil einer zweistimmigen Sonatine, die Coda erinnert in absurder und grotesker Weise an die Schlußakkorde der 5. Symphonische Beethovens. Bewußt dilettantisch wirken das Zitat des nach C-Dur transponierten Trauermarsches von Chopin im zweiten Stück oder die „Kadenz" mit den stes gleichen Harmonien am Schluß des dritten Stückes.

Die drei Stücke *Avant-dernières pensées* muten auf den ersten Blick wie eine Hommage an die drei französischen Komponisten Debussy, Dukas und Roussel an. Hier aber treibt Satie seine Ironie und Doppeldeutigkeit auf die Spitze. Konnte man in den Texten der *Empryons desséchés* schon selbstbezügliche Phantasmen erkennen, so wirken die Texte dieser Stücke wie mitleidsuchende Geständnisse eines mißverstandenen Komponisten. Die Widmungen gelten Musikerkollegen, in deren Schatten er zeitlebens stand und deren Anerkennung er vergeblich suchte. Gemeinsam sind diesen drei Stücken kürzere Motive, die in dissontanter oder polytonale Beziehung zu einer immer gleichbleibenden ostinaten Begleitfigur stehen.

Die Texte, die Satie zwischen die Notenzeilen schreibt, möchte er nicht vorgetragen wissen. Vielmehr sollen sie die Phantasie des Interpreten anregen. Bei allen Stücken des vorliegenden Bandes bezieht sich ein Vorzeichen jeweils nur auf die Note und die Notengruppe, vor der es steht. Die Fingersätze, Metronomzahlen und alle Angaben in eckigen Klammern stammen vom Herausgeber. Die Metronomzahlen sind Vorschläge, die in gewissem Rahmen variiert werden können.

Wilhelm Ohmen

Cover: H. J. Kropp
unter Verwendung des Fotos
„Portait Erik Saties in
einer Gartenschänke"
von Robert Caby, Paris (1895/96).

Preface

The pieces in this volume originated in 1897 *(Pièces froides)* and between 1913 and 1915. After the slow success of his early works, Satie, during the middle period of his creativity, sought new paths. He abandoned the compositional rigour of his mystical and meditative pieces. The characteristics of his new works are, on the one hand, the unmistakable concentration of his style of composition together with quicker tempos, and on the other, the combination of music with texts. Satie avoids romantic and impressionistic sounds even more consistently than before.

The *Pièces froides* consist of two series of three pieces each. Satie dispenses with time-signatures and bar-lines as he had already done in some of the works of his mystical period. The harmonic structure of the first group *(Airs à faire fuir)* is reminiscent of *Gnossiennes*. The 'building bricks' method of the early period is still evident, but the repeated segments of phrases are shorter, more fragmentary and are often transposed. However, the sequences appear in general to be more logical as a result. The pieces in the second group *(Danses de travers)* consist entirely of arpeggiated triads, which accompany an apparently endless rocking melody like a perpetual mobile. Structurally, there is hardly any difference between the pieces. In addition to the titles with their ironic intentions, the directions for performance seem strange – it would be more appropriate to call them commentaries or notes. Most of them have no connection with the music and are difficult to translate in terms of performance technique or interpretation (e. g. 'blanc' or 'ne pas trop manger').

The directions for performance of the subsequent cycles published in this volume are again more related to tempo, dynamics and character. These cycles all have strange, enigmatic stories which Satie has written between the staves. The *Descriptions automatiques* are pianistically very appealing, full of variety and technically demanding. Analogously to the 'automatic writing' of the Surrealists (écriture automatique, André Breton), Satie evokes the encounter between a ship, a lamp and a helmet. The first piece is gentle and tender in character. A rocking rhythm depicts the sea, a short motif in the upper registers the spray, and the quotation from a French chanson, 'Maman, les petits bateaux', makes us think of ships. In the romantic, nocturnal second piece, the staccato chords are intended to give the impression of a power cut (of darkness). The transition to *legato* symbolizes the light coming on again. In the rhythmically accentuated third piece, the interrupted movements of a military parade take on by means of polytonality the quality of circus music. In these pieces realistic descriptions in tone painting stand in contrast to a surrealistic world of appearances.

This polarity becomes even clearer in the pieces called *Embryons desséchés*. The music consists for the most part of humorous and surrealistic collages. This is also made clear by the texts. The animal names of the titles are invented. Satie parodies the music of the 19th century in mocking quotations. The first piece seems to be in the style of a two-part sonata form; the coda reminds one in an absurd and grotesque way of the final chords of Beethoven's Fifth Symphony. In the second piece, the quotation from Chopin's Funeral March, transposed into C major, makes a deliberately amateurish impression, as does the 'cadenza' with always the same harmonies at the end of the third piece.

The three pieces *Avant-dernières pensées* seem at first sight to have been written in homage to the three French composers Debussy, Dukas and Roussel. However, here Satie takes his irony and ambiguity to extremes. If in the texts of *Embryons desséchés* narcissistic fantasies could be discerned, the texts of the *Avant-dernières pensées* seem to be self-pitying confessions of a misunderstood composer. The dedications are to musical colleagues in whose shadows he stood during his lifetime and whose recognition he sought in vain. These three pieces all have shorter motifs in a dissonant or polytonal relationship to an unchanging accompanying ostinato figure.

Satie did not want the texts that he wrote between the staves to be recited. Rather they are intended to stimulate the imagination of the performer. In all the pieces in this volume an accidental only applies to the note and group of notes that it precedes. The fingering, metronome markings and all indications in square brackets have been provided by the editor. The metronome markings are suggestions which can be slightly varied.

Wilhelm Ohmen
Translated by Susan Jenkinson

Préface

Les morceaux du présent volume virent le jour dans les années 1897 (*Pièces froides*) et 1913 à 1915. Après le succès hésitant de ses premières œuvres, Satie, dans sa seconde période créatrice, recherche de nouvelles voies. Il quitte la rigueur compositionnelle des morceaux mystiques et méditatifs. Ces œuvres nouvelles se caractérisent d'une part par une nette concentration de l'écriture, alliée à l'accélération du tempo, d'autre part par la mise en relation de la musique avec des textes. Satie évite de manière plus systématique encore les sons romantiques et impressionnistes.

Les *Pièces froides* se composent de deux suites de respectivement trois morceaux. Comme cela était déjà le cas dans quelques oeuvres de l'époque mystique, Satie renonce aux mentions de mesure et aux barres de mesure. L'harmonie du premier groupe rappelle les *Gnossiennes*. On y reconnaît encore la méthode de jeu de construction de la première époque, mais les parties de phrases se répétant sont plus courtes, plus morcelées et sont souvent transposées. Mais, dans l'ensemble, leur succession n'en paraît que plus logique. Les morceaux du second groupe (*Danses de travers*) sont tous composés d'arpèges de trois sons qui, en mobile perpétuel, accompagnent une mélodie qui semble se bercer à l'infini. Il est presque impossible de distinguer ces trois morceaux sur le plan de leur ressemblance structurelle. Parallèlement aux intitulés ironiques, les indications relatives à l'exécution – il serait plus approprié de parler de commentaires ou de remarques – paraissent étranges: la plupart d'entre elles n'ont aucun rapport avec la musique et ne peuvent pratiquement pas être réalisées au niveau de la technique ni de l'interprétation (par exemple „blanc" ou „ne pas trop manger").

Les indications relatives à l'exécution pour les autres cycles publiés dans ce volume se rapportent plus au tempo, au dynamisme et au caractère. Sont communes à ces cycles des histoires bizarres et mystérieuses que Satie note entre les portées. Les *Descriptions automatiques* sont fort attirantes sur le plan pianistique, variées et d'un haut niveau technique. Par analogie à l'"écriture automatique" (André Breton) des surréalistes, Satie évoque la rencontre avec un bateau, une lanterne et un casque. Le caractère du premier morceau est doux et tendre. Un rythme berceur représente la mer, un motif bref dans les hauteurs l'écume, la citation de la chanson française *Maman, les petits bateaux* fait penser aux bateaux. Dans le second morceau, à la tonalité nocturne romantique, des accords staccato doivent donner l'impression d'une panne de courant (de l'obscurité). Le maniement du legato symbolise le retour de la lumière. Dans le troisième morceau, au rythme accentué, la musique dérangée d'une parade militaire est représentée par la pluritonalité dans le caractère d'une musique de cirque. Dans ces morceaux, des descriptions en peinture sonore réalistes font face à un monde apparent surréaliste.

Cette polarité est plus nette encore dans les morceaux *Embryons desséchés*. La musique se compose pour la plus grande part de collages humoristiques et surréalistes, ce que les textes soulignent plus encore. Les noms d'animaux des titres sont inventés. Dans des parodies de citations, Satie se moque de la musique du XIXème siècle. Le premier morceau apparaît dans le style d'une forme de sonate à deux vois, la coda rappelle de manière absurde et grotesque les accords finals de la 5ème Symphonie de Beethoven. La citation de la marche funèbre de Chopin, transposée en ut majeur, dans le second morceau, ou la „cadence" aux harmonies toujours identiques à la fin du troisième morceau semblent volontairement dilettantes.

Les trois morceaux *Avant-dernières pensées* semblent, au premier abord, être un hommage aux trois compositeurs français Debussy, Dukas et Roussel. Mais Satie, ici, pousse l'ironie et l'ambiguïté à l'extrême. Tandis que l'on reconnaissait déjà dans les textes des *Embryons desséchés* des fantasmes se rapportant au compositeur lui-même, les textes de ces morceaux semblent être des aveux d'un compositeur incompris cherchant à éveiller la pitié. Les dédicaces s'adressent à des collègues musiciens dans l'ombre desquels il resta sa vie durant et dont il rechercha en vain la reconnaissance. Ces morceaux ont en commun des motifs plus brefs, qui entretiennent une relation dissonante ou polytonale avec une figure d'accompagnement en ostinato toujours pareille à elle-même.

Satie ne désire pas que les textes qu'il écrit entre les portées soient prononcés. Leur rôle est bien plus d'exciter l'imagination de l'interprète. Dans tous les morceaux du présent volume, les signes d'altération ne se rapportent qu'à la note – et le groupe de notes – qu'ils précèdent. Les doigtés, les indications métronomiques et l'ensemble des mentions entre crochets sont le fait de l'éditeur. Les indications métronomiques sont des conseils qui peuvent être légèrement variés.

Wilhelm Ohmen

Pièces froides
Airs à faire fuir

à Ricardo Viñes

Erik Satie
(1897)

D'une manière très particulière [♩ = 60]

© 1999 Schott Musik International, Mainz

Erik Satie
(1897)

A sucer

Dans le plus profond silence

[ral. _ _ _ _ _ _ _ _ _ _]

*) für kleine Hände / for small hands / pour des mains petites:

Erik Satie
(1897)

von * bis ** identisch mit Stück 1 / from * to ** identical to No. 1 / de * à ** identique à No. 1

22

Pièces froides
Danses de travers
à Madame J. Ecorcheville

Erik Satie
(1897)

24

Se le dire

A plat

Erik Satie
(1897)

Erik Satie
(1897)

Descriptions automatiques
Sur un Vaisseau

à Madame Fernand Dreyfus

Erik Satie
(1913)

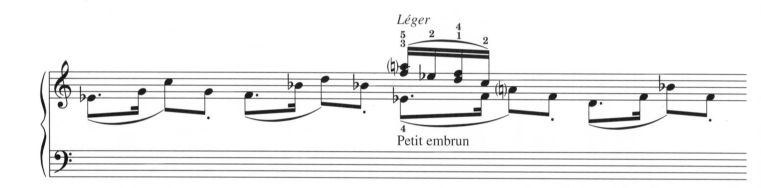

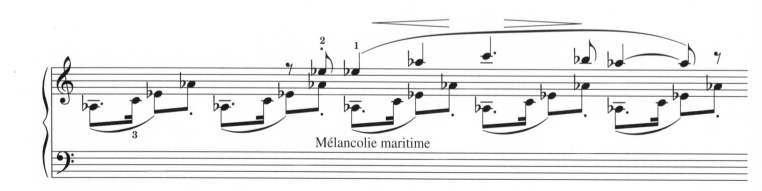

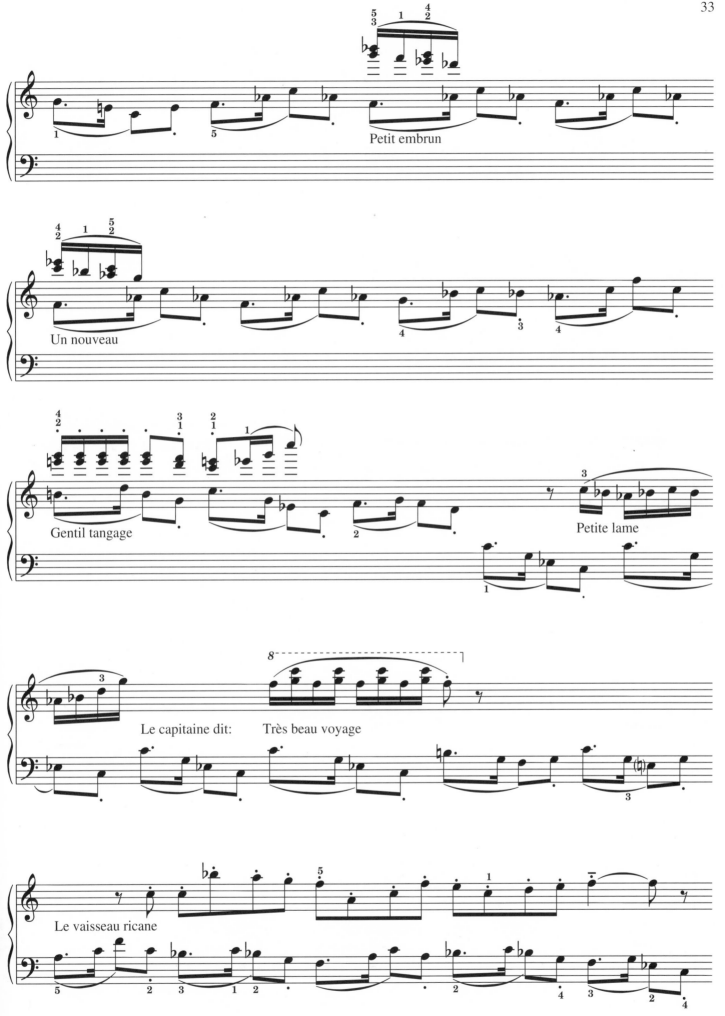

Petit embrun

Un nouveau

Gentil tangage

Petite lame

Le capitaine dit: Très beau voyage

Le vaisseau ricane

34

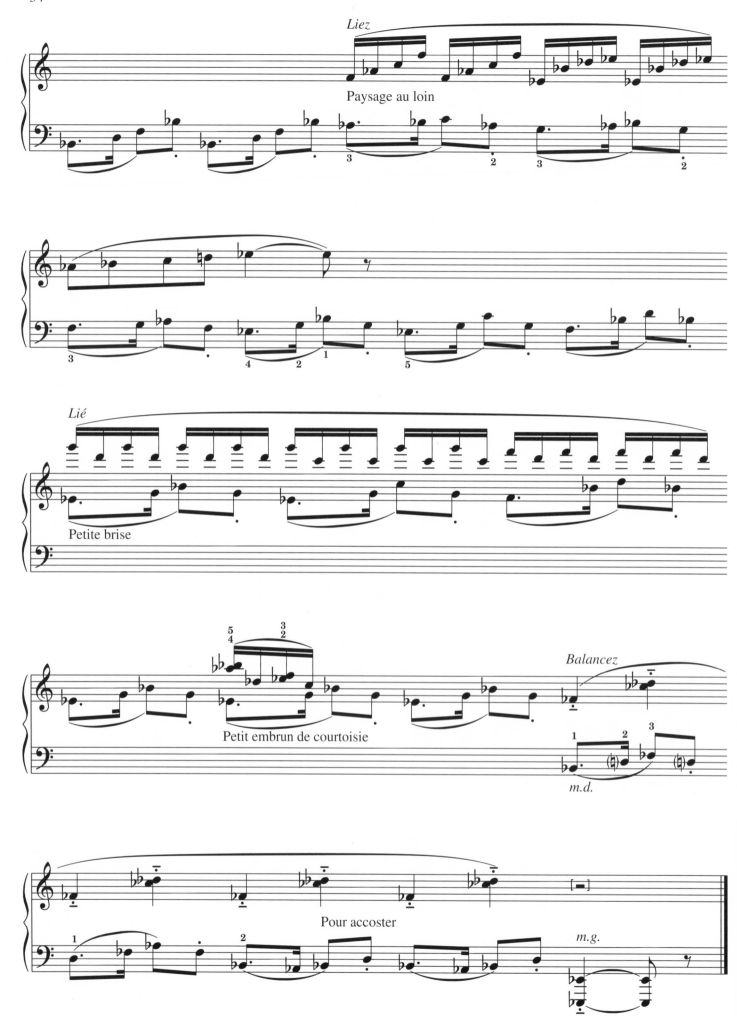

Sur une Lanterne

à Madame Joseph Ravel

Erik Satie
(1913)

N'allumez pas encore: vous avez le temps

Vous pouvez allumer, si vous voulez

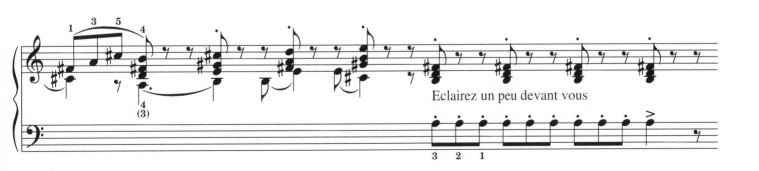

Eclairez un peu devant vous

Sur un Casque

à Madame Paulette Darty

Erik Satie
(1913)

Voici les tambours!

C'est le colonel, ce bel homme tout seul

Lourd comme une truie

Retenez peu

Léger comme un oeuf

Embryons Desséchés

à Mademoiselle Suzanne Roux

d'Holothurie

Les ignorants l'appellent le „concombre des mers". L'Holothurie grimpe ordinairement sur des pierres ou des quartiers de roche. Comme le chat, cet animal marin ronronne, de plus, il file une soie dégoûtante. L'action de la lumière semble l'incommoder. J'observai une Holothurie dans la baie de Saint-Malo.

Erik Satie
(1913)

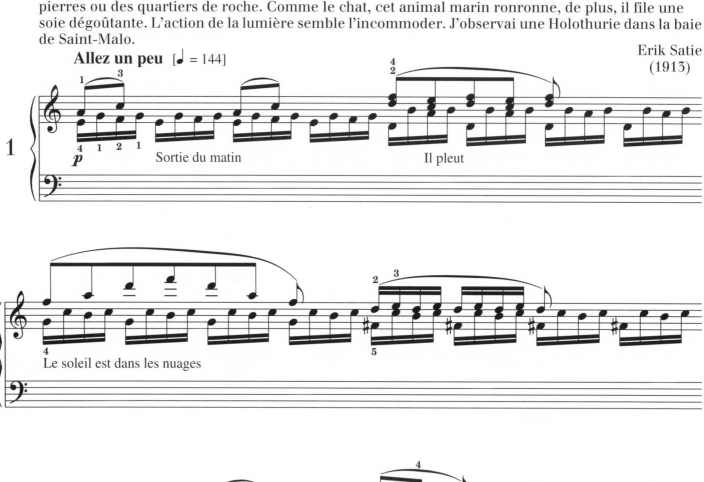

Il fait bon vivre

Retenir   Très ralenti

Ne me faîtes pas rire, brin de mousse: Vous me chatouillez

Je n'ai pas de tabac

Heureusement que je ne fume pas

Grandiose

De votre mieux

à Monsieur Edouard Dreyfus

d'Edriophthalma

Crustacés à yeux sessiles, c'est-à-dire sans tige et immobiles. Très tristes de leur naturel, ces crustacés vivent, retirés du monde, dans des trous percés à travers les falaises.

Erik Satie
(1913)

(Citation de la célèbre Mazurka de Schubert)

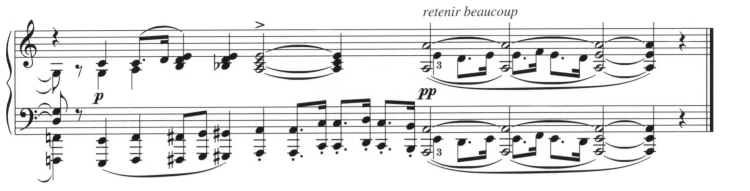

à Madame Jane Mortier

de Podophthalma

Crustacés à yeux placés sur des tiges mobiles. Ce sont d'adroits, d'infatigables chasseurs. On les rencontre dans toutes les mers. La chair du Podophthalma constitue une savoureuse nourriture.

Erik Satie
(1913)

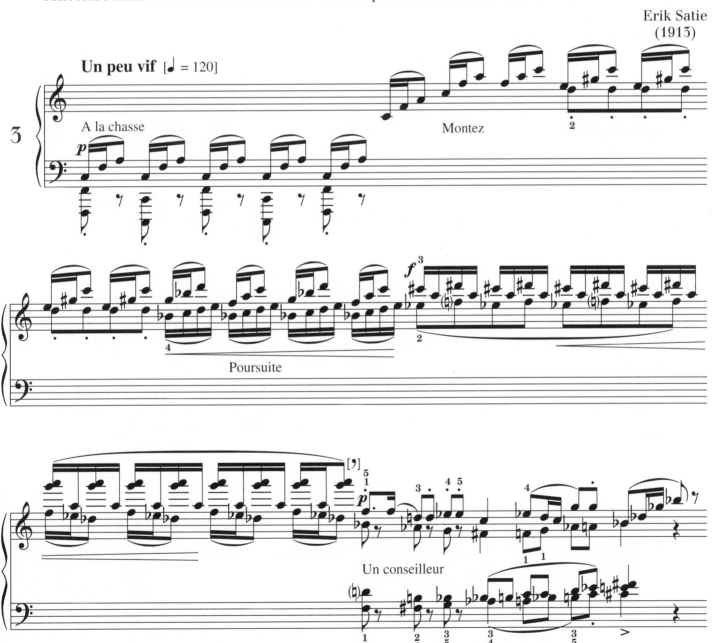

Le conseilleur

Cadence obligée (de l'Auteur)

Avant-dernières Pensées

Idylle

à Debussy

Erik Satie
(1915)

Modéré, je vous prie [♩ = 108]

Que vois-je?   Le Ruisseau est tout mouillé;

La basse liée, n'est-ce pas?

et les Bois sont inflammables et secs comme

des triques

Mais mon cœur est tout petit

49

Les Arbres ressemblent à de grands peignes mal faits;

et le Soleil a, tel une ruche, de beaux rayons dorés.

Mais mon cœur a froid dans le dos   La Lune s'est brouillée

avec ses voisins;   et le Ruisseau est trempé jusqu'aux

Ralentir aimablement

os

Aubade

à Paul Dukas

Erik Satie
(1915)

Comme il vous aime!

C'est un poète

L'entendez-vous?   Il ricane, peut-être?

Non: Il vous adore, douce Belle!

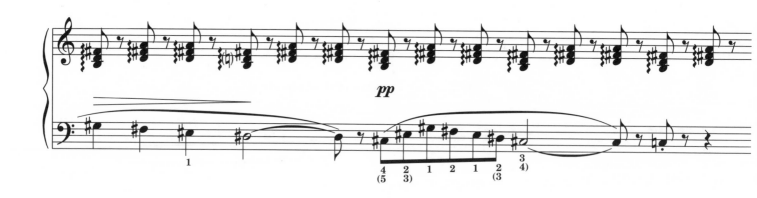

léger, comme devant

élargissez

Il repince un rigaudon et un rhume

Vous ne voulez l'aimer?

Pourtant, c'est un poète, un vieux poète!

Méditation

à Albert Roussel

Erik Satie
(1915)

Voici le Diable!

Non, pas Lui: c'est le vent

sec.

le vent du génie qui passe

Le Poète en a plein la tête, du vent!

tendre

Il sourit malicieusement, tandis que son cœur pleure

comme un saule

Mais le Génie est là!

qui le regarde d'un mauvais œil:

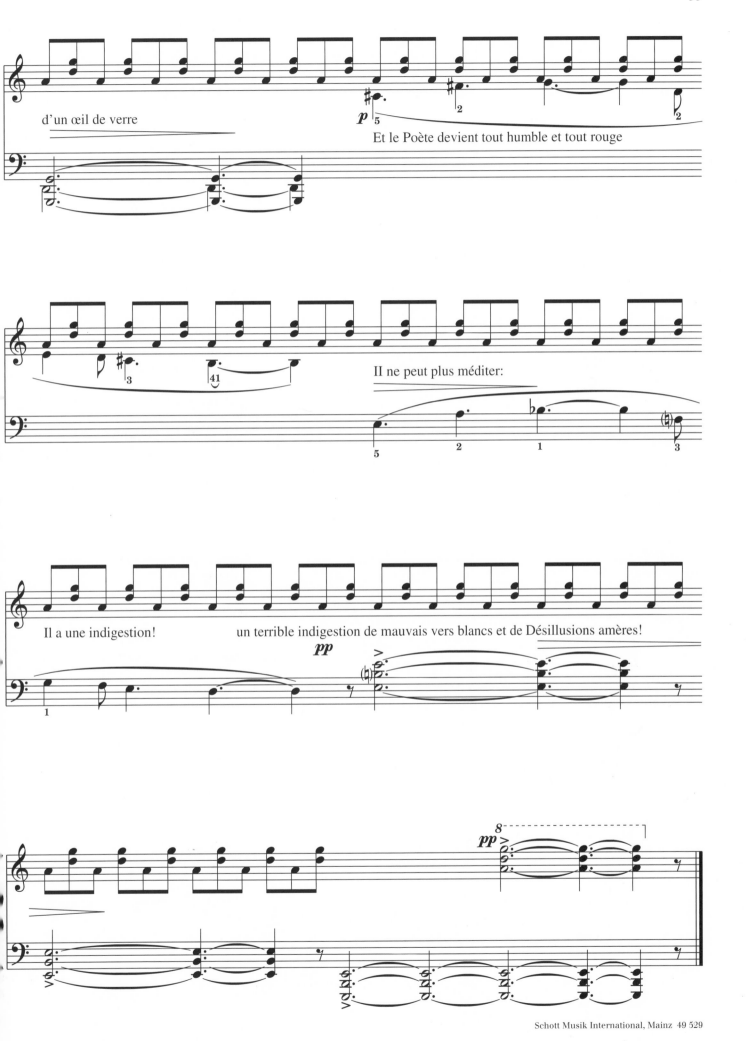

d'un œil de verre

Et le Poète devient tout humble et tout rouge

II ne peut plus méditer:

Il a une indigestion!

un terrible indigestion de mauvais vers blancs et de Désillusions amères!

Glossaire / Glossar / Glossary

Glossaire	Glossar	Glossary
à part	getrennt, einzeln	separately
à plat	flach, erschöpft	flat on your face
à sucer	zum Aufsaugen	for sucking
aimablement	liebenswürdig	gently
Airs à faire fuir	Weisen zum Davonlaufen	tunes to make you run away
aller, allez	gehen, gehen Sie	to go, go
arrêt	Halt	stop
assez	ziemlich	rather, enough
au temps	a tempo, im Zeitmaß	in tempo
avec fascination	mit Verzauberung	with fascination
balancez	balancieren Sie	balance
beaucoup	viel, sehr	a great deal, much
bien	gut	good
blanc	weiß	white
chantez sérieusement	singen Sie ernsthaft	sing profoundly
comme devant	wie vorher	as before
cumulativement	anhäufend, verstärkend, sich steigernd	increasing
d' une manières très particulière	in einer ganz besonderen Art und Weise	in a very special manner
dans le fond	im Grunde genommen, eigentlich	in reality
dans le plus profond silence	in tiefster Ruhe	in hushed silence
Danses de travers	Schiefe Tänze	cock-eyed dances
dernièrement	jüngst, unlängst	lastly, lately
descendre	sinken, hinabsteigen	sink
diminuer	leiser werden	diminish power
du coin de la main	aus dem Handgelenk	out of the corner of your hand
écartez	dehnen Sie	expand
élargissez	werden Sie breiter	broaden
en augmentant peu à peu le mouvement	nach und nach das Zeitmaß beschleunigend	increasing the time little by little
en dehors	daneben	beside
en y regardant à deux fois	es sich zweimal überlegend	thinking twice about it
encore	noch einmal	once (again)
énigmatique	rätselhaft	enigmatically
être visible un moment	einen Augenblick sichtbar sein	momentarily visible
fatigué	müde, ermüdet	tired
importand	wichtig	important
je vous prie	bitteschön	please
la basse liée, n' est-ce pas?	den Baß gebunden, nicht wahr?	link the bass, alright?
léger	leicht	lightly
lent	langsam	slowly
lié	gebunden	bound, tied
m. d. = main droite	rechte Hand	right hand
m. g. = main gauche	linke Hand	left hand
mais décent	aber diskret	but descret
mécanique démolie	gestörte Motorik	mechanical demolition
merveilleusement	wunderbar	in a wonderful way

mieux	besser	better
modéré	gemäßigt	moderately
modestement	bescheiden, zurückhaltend	modestly
n'allez pas plus haut	werden Sie nicht lauter	do not get louder
ne pas se tourmenter	sich nicht quälen	do not worry
ne pas trop manger	nicht zu viel essen	do not eat too much
obéir	gehorchen	obey
pareillement	ähnlich	similarly
parfait	vollkommen	perfect
pas accéléré	nicht schneller	not quicklier
pas vite	nicht schnell	not quickly
passer	weitergehen	move on
Pièces froides	Kalte Stücke	Cold Pieces
plus lent	langsamer	slower
plus loin	entfernter	more distant
pressez un peu	drängen (eilen) Sie etwas	hurry up, a bit
pur	klar, hell	clear, bright
ralenti	langsamer	slowly, delayed
ralentir	langsamer werden	slow down
reprendre	das Anfangstempo wieder aufnehmen	pick up primo tempo
retenez, retenir	halten Sie zurück, zurückhalten	hold back
s'inviter	sich einladen	invite yourself
sans bruit	geräuschlos	evenly
sans sourciller	ohne die Miene zu verziehen	expressionsless
sec	trocken	dry
se fixer	sich festlegen	fix yourself
se le dire	es sich sagen	tell yourself
se raccorder	mit sich in Einklang kommen	know yourself
seul	allein, ohne Begleitung	alone
sombre	dunkel, düster	sombre
tendre	zart, zärtlich	tender
toujours	immer	always
tout entier	ganz	entirely
très	sehr	very
très loin	sehr entfernt	very distant
très terre à terre: sans luisant	ganz nüchtern: ohne zu glänzen	very sober: colourless
un peu	ein wenig, etwas	a little
un peu cuit	etwas gekocht	lightly cooked
vif	lebendig	lively
voyez	sehen Sie	see

Les Textes   Die Texte   The Texts

Descriptions automatiques	*Automatische Beschreibungen*	*Automatic Descriptions*
I Sur un Vaisseau	**Von einem Schiff**	**About a boat**
Au gré des flots	den Wellen preisgeben	At the mercy of the waves
Petit embrun	Etwas Gischt	A little sea spray
Un autre	Ein anderer / eine andere	Another one
Coup d'air frais	Frische Zugluft	Breath of fresh air
Mélancolie maritime	Meerestrübsinn	Sadness at sea
Petit embrum	Etwas Gischt	A little sea spray
Un nouveau	Ein neuer / eine neue	A new one
Gentil tangage	Stampfen	Gentle pitching
Petite lame	Kleine Welle	Little wave
Le captaine dit: Très beau voyage.	Der Kapitän sagt: Schöne Reise.	The captains says: Lovely trip.
Le vaisseau ricane.	Das Schiff grinst.	The boat sneers.
Paysage au loin	Entfernte Landschaft	Distant landscape
Petite brise	Leichte Brise	Slight breeze
Petit embrun de courtoisie	Etwas Gischt aus Höflichkeit	A little sea spray for politeness' sake
Pour accoster	Um anzulegen	To come alongside
II Sur une lanterne	**Von einer Laterne**	**About a lantern**
Nocturnement	Nächtlich	Nocturnal
N'allumez pas encore: vous avez le temps.	Zünden Sie sie noch nicht an: Sie haben Zeit.	Don't light it yet: you have time.
Vous pouvez allumer, si vous voulez.	Sie können sie anzünden, wenn Sie wollen.	You can light it, if you wish.
Éclairez un peu devant vous.	Leuchten Sie etwas vor.	Shine a little in front of you.
Votre main devant la lumière.	Ihre Hand vor das Licht.	Your hand in front of the light
Retirez votre main et mettez-la dans votre poche.	Nehmen Sie Ihre Hand weg und stecken Sie sie in ihre Tasche.	Take your hand away and put it in your pocket.
Chut! Attendez (deux temps)	Pst! Passen Sie auf (zweimal)	Shh! Wait (twice)
Eteignez.	Löschen Sie das Licht aus.	Put out the light.
III Sur un casque	**Von einem Helm**	**About a helmet**
Ils arrivent.	Sie kommen.	They are coming.
Que le monde!	Welch eine Menge!	What a crowd!
C'est magnifique!	Das ist phantastisch!	That's wonderful!
Voici les tambours!	Da sind Trommler!	Here are the drummers!
C'est le colonel, ce bel homme tout seul.	Das ist der Oberst, dieser schöne Mann, ganz allein.	There is the colonel, that beautiful man all alone.
Lourd comme une truie	Schwer wie ein Schwein	Heavy as a sow
Léger comme un œuf	Leicht wie ein Ei	Light as an egg

Embryos Desséchés

I D'Holothurie
Les ignorants l'apellent le
«concombre des mers»
L'Holothurie grimpe ordinairement
sur des pierres ou des quartiers de
roche.
Comme le chat, cet animal marin
ronronne, de plus, il file une soie
dégouffante.
L'action de la limière semble
l'incommoder.

J'observai une Holothurie dans la
baie de Saint-Malo.
Sortie du matin
Il pleut.
Le soleil est dans les nuages.
Assez froid
Bien
Petit ronron
Quel joli rocher!
Il fait bon vivre.
Comme un rossignol qui aurait
mal aux dents
Rentrée du soir
Il pleut.
Le soleil n'est plus là.
Pourvu qu'il ne revienne jaimais.

Assez froid
Bien
Petit ronron moquer
C'était un bien joli rocher! bien
gluant!
Ne me faites pas rire, brin de
mousse: Vous me chatouillez.

Je n'ai pas de tabac.
Heureusement que je ne fume pas.
Grandiose
De votre mieux

Vertrocknete Embryos

Von der Holothurie
Die Unwissenden nennen sie
„Meeresgurke".
Die Holothurie kletter gewöhnlich
auf Steinen oder Felsbrocken
umher.
Wie die Katze schnurrt dieses
Meerestier und spinnt überdies
eine herabtropfende Seide.
Lichteinwirkung scheint es zu
stören.

Ich habe eine Holothurie in der
Bucht von Saint Malo beobachtet.
Morgendlicher Ausflug
Es regnet.
Die Sonne ist hinter den Wolken.
Ziemlich kalt
Angenehm
Leises Surren
Was für ein hübscher Felsen!
Da kann man gut leben.
Wie eine Nachtigall mit
Zahnschmerzen.
Heimkehr am Abend
Es regnet.
Die Sonne ist untergegangen.
Wenn sie nun aber nie wieder-
kehrte.
Ziemlich kalt
Angenehm
Leises höhnisches Schnurren
Es war ein sehr schöner Felsen!
Schön klebrig!
Bringen Sie mich nicht zum
Lachen, kleiner Moossprößling:
Sie kitzeln mich.
Ich habe keinen Tabak mehr.
Ein Glück, daß ich nicht rauche.
Grandios
Zu eurem Besten

Dried Embryoes

Of the Holothurian
Ignorant people call it the "sea
cucumber".
The Holothurian ordinarily climbs
on stones or blocks of rock.

Like the cat, this sea animal purrs,
moreover, it spins a dripping
thread.
The effect of light seems to disturb
him.

I observed an Holothorium in the
Saint-Malo Bay.
Morning outing
It rains.
The sun is behind the clouds.
Rather cold
Good
Little purr
What a beautiful rock!
This is a good place to live.
Like a nightingale with a
toothache.
Evening returns
It is raining.
The sun is gone.
Provided that it never comes back.

Rather cold
Good
Mocking little purr
It was a very beautiful rock! Sticky!

Don't make me laugh, sprig of
moss: you are tickling me.

I haven't any tobacco.
Fortunately I don't smoke.
Grandious
To your best

II D'Edriphthalma
Crustacés à yeux sessiles, c'est-à-dire sans tige et immobiles. Très tristes de leur naturel, ces crustacés vivent, retirés du monde, dans des trous percés à travers les falaises.

Ils sont tous réunis.
Que c'est triste!
Un père de famille prend le parole.

Ils se mettent tous à pleurer.
(Citation de la cèlèbre Mazurka de Schubert)
Pauvres bêtres!
Comme il a bien parlé!
Grand gémissement

III De Podophthalma
Crustacés à yeux placés sur de tiges mobiles. Ce sont d'adroits, d'infatigables chasseurs. On les recontre dans toutes les mers. La chair du Podophthalma constitute une savoureuse nourriture.
A la chasse
Montez
Poursuite
Un conseilleur
Il a raison!
Pour charmer le gibier
Qu'est-ce?
Le conseiller
Cadence obligée (de l'Auteur)

Avant-Dernières Pensées

I Idylle
Que vois-je?
Le Ruisseau est tout mouillé;
et les Bois sont inflammables et secs comme des triques.
Mais mon cœur est tout petit.
Les Arbres ressemblent à des grands peignes mal faits;
et le Soleil a, tel une ruche, de beaux rayons dorés.
Mais mon cœur a froid dans le dos.

La Lune s'est brouillée avec ses voisins;
et le Ruisseau est trempé juqu' aux os.

Von der Edriophthalma
Krustentiere mit ungestielten Augen, das heißt, ohne Stengel und unbeweglich. Sehr traurig von ihrer Gemütsart her, leben diese Krustentiere zurückgezogen von der Welt in Löchern, die die Felsklippen durchbohren.
Sie sind alle versammelt.
Wie ist das traurig!
Ein Familienvater ergreift das Wort.
Sie fangen alle an zu weinen.
(Zitat der berühmten Mazurka von Schubert)
Arme Kreaturen!
Wie gut er gesprochen hat!
Großes Stöhnen

Von der Podophthalma
Krustentiere mit Augen auf beweglichen Stielen. Es sind geschickte, unermüdliche Jäger. Man trifft sie in allen Meeren. Das Fleisch der Podophthalma ist eine köstliche Speise.
Auf der Jagd.
Steigen Sie auf
Verfolgung
Ein Berater
Er hat recht!
Um das Wild zu bezaubern
Was ist das?
Der Berater
Obligate Kadenz
(vom Komponisten)

Vorletzte Gedanken

Idylle
Was sehe ich?
Der Bach ist ganz naß;
und die Wälder sind brennbar und knüppeltrocken.
Aber mein Herz ist ganz klein.
Die Bäume gleichen großen schlecht gemachten Kämmen;
und die Sonne hat, wie ein Bienenkorb, schöne vergoldete Strahlen.
Aber meinem Herzen ist es kalt im Rücken.
Der Mond hat sich mit seinen Nachbarn überworfen;
und der Bach ist durchnäßt bis auf die Haut.

Of the Edriophthalma
Crustaceans with fixed eyes, that is to say, without stalk and immobile. Very sad by nature, these crustaceans live, withdrawn from the world, in holes bored out of the cliff.

They are all gathered together.
How sad it is!
A patriarch speaks.

They all begin to weep.
(Quotation of Schubert's famous mazurka)
Poor creatures!
How well he spoke!
Big groan

About the Podophthalma
Crustaceans with eyes on movable stalks. They are adroit, tireless hunters. They are to be found in every sea. The meat of the Podophthalma is delicious.

At the hunt
Climb up
Pursuit
An advisor
He is right!
To charm the game
What is that?
The advisor
Obligatory cadence
(by the composer)

Penultimate Thoughts

Idyll
What do I see?
The brook is quite wet;
and the woods are inflammable and dry like sticks.
But my heart is quite small.
The trees resemble big badly made combs;
and the sun has, like a beehive, fair golden rays.
But my heart is cold in the back.

The moon is on bad terms with his neighbours;
and the brook is drenched to the bone.

II Aubade

Ne dormez pas, belle endormie.

Écoutez la voix de votre bien-aimé.
Il pince un rigaudon.
Comme il vous aime!
C'est un poète.
L'entendez-vous?
Il ricane, peut-être?
Non: Il vous adore, douce Belle!

Il repince un rigaudon et un rhume.
Vous ne voulez l'aimer?
Pourtant, c'est un poète, un vieux poète!

III Méditation

Le Poète est enfermé dans sa vieille tour.
Voici le vent.
Le Poète médite, sans en avoir l'air.
Tout à coup, il a la chair de poule.

Pourquoi?
Voici le Diable!
Non, pas Lui: c'est le vent, le vent du Génie qui passe.
Le Poète en a plein la tête, du vent!
Il sourit malicieusement, tandis que son cœur pleure comme un saule.
Mais le Génie est la! qui le regarde d'un mauvais œil: d'un œil de verre.
Et le Poète devient tout humble et tout rouge.
Il ne peut plus méditer:
Il a une indigestion! une terrible indigestion de mauvais vers blancs et de Désillusions amères!

Morgenständchen

Schlafen Sie nicht, schöne Schläferin.

Lauschen Sie der Stimme Ihres Liebsten.
Er zupft einen Rigaudon.
Wie er Sie liebt!
Er ist ein Dichter.
Hören Sie ihn?
Vielleicht grinst er?
Nein: Er betet Sie an, zarte Schöne!

Wieder erwischt er einen Rigaudon und einen Schnupfen dazu.
Wolles Sie ihn nicht lieben?
Er ist doch ein Dichter, ein alter Dichter!

Betrachtung

Der Dichter ist in seinem alten Turm eingeschlossen.
Jetzt kommt der Wind auf.
Der Dichter denkt nach, ohne daß er es merken läßt.
Plötzlich bekommt er eine Gänsehaut.
Warum wohl?
Da erscheint der Teufel!
Nein, nicht er: Es ist der Wind, der Wind des Genius, der vorüberweht.
Dem Dichter rauscht der Kopf, vom Wind.
Er lächelt boshaft, während sein Herz trauert wie eine Weide.

Aber der Genius ist hier und schaut ihn an mit einem bösen Blick: einem Glasaugenblick.
Und der Dichter wird ganz bescheiden und ganz rot.
Er kann nicht mehr nachdenken:
Er hat einen verdorbenen Magen! einen schrecklich verdorbenen Magen von schlechten Blankversen und bitteren Enttäuschungen!

Dawn chorus

Don't sleep, pretty sleeper.

Listen to the voice of your true-love.
He plays a rigadoon.
How he loves you!
He's a poet.
Do you hear him?
Perhaps he's sneering?
No, he adores you, sweet belle!

He catches again a rigadoon and a cold.
Don't you want to love him?
After all he is a poet, an old poet!

Meditation

The poet is locked up in his old tower.
Here comes the wind.
The poet meditates, without seeming to.
Suddenly his flesh crawls.

Why?
There is the devil!
No, not he: it is the wind, the wind of the genius who is passing away.
The poet has a head full of it, of wind!
He smiles maliciously, while his heart weeps like a willow.

But the Genius is here and looks upon him with an evil eye: a glass eye.
And the poet turns quite humble and quite red.
He cannot meditate any more:
He has an indigestion! a terrible indigestion of bad blank verses and of bitter disillusions!